Barbara Yurtdaş · Im Bachbett des Schmerzes

AF286734

Das Buch

Die Autorin hat den Mut bewiesen, die Maske fallen zu lassen. Diese Lyrik wirkt nicht abgehoben, sondern sehr direkt. Humor und Selbstironie prägen die Verse ebenso wie die Suche nach Sinn und Heilung. Es sind Texte, in denen Frauen sich wiederfinden.

Die Autorin

Barbara Yurtdaş, 1937 in Leipzig geboren, Studium der Germanistik, Slawistik und Geschichte in Göttingen und München, Gymnasiallehrerin in München, verheiratet, zwei Kinder. Zwölf Jahre (1981-93) als freie Autorin in der Türkei. Sachbücher zum Themenkreis Türkei, u.a. *Gebrauchsanweisung für die Türkei*, München 1990 (Überarbeitete Neuauflage 1997); Romane: *Wo mein Mann zuhause ist*, Hamburg 1983 (Neuausgabe München 2002); *Einen Mondmonat lang*, München, 1985; *Muttermord in Ephesos*, München, 1991; *Wo auch ich zu Hause bin*, München, 1994; Erzählungen: *Wenn Frauen reisen*, München 1995; Lyrik: *Herzraster*, Hamburg, 2000. Übersetzungen aus dem Türkischen: Duygu Asena: *Die Frau hat keinen Namen*, München, 1992; Duygu Asena: *Meine Liebe, deine Liebe*, München, 1994.

Kontakt: barbarayurtdas@t-online.de

Barbara Yurtdaş

Im Bachbett des Schmerzes

Gedichte

Mai 2002
© 2002 Barbara Yurtdaş
Satz und Layout: Buch & media GmbH, München
Umschlaggestaltung: Silke Schröder; Ulm
Herstellung: Books on Demand GmbH, Norderstedt
ISBN 3-8311-3366-2

INHALT

Im Bachbett des Schmerzes

Point of no Return

Langsam sich öffnende
Blüte Tautropfen
Noch ist alles Spiel
Bienchen und Blümchen
Der Stempel schwillt
Purpurn
Taucht in die purpurne
Dunkelheit
Stößt ins Schweigen
Und stößt gegen Wände
Von allen Seiten
Schweigende purpurne
Wände
Tief dunkles Schweigen
Und stößt sich zur Antwort vor.

Ja.

2000

UHRLOSER TAG IM AUGUST

1.

Unser Rettungsboot Parkbank
auf moorigem Grund.
Wir lassen uns sinken,
dein Bauch ist mein Kissen.
Die Himmelstapete weißblau
hinter schwankenden
tiefgrünen Baumkronen,
Erlen und Pappeln.
Und jenseits der Schilfwand
treiben die weißen Segel
dahin auf dem silbern
geträumten See.

2.

In der Bucht
das kieselig flache
Entenwasser.
Wir waten mit zarten Zehen,
bis es kitzelt am Huchpunkt
und rasch ein paar Züge
über die Schlingpflanzentiefe
hinaus.

3.

Nass zurück auf dem Steinpfad
mit Beinweh, Nieren,
blutenden Zehen,
doch glücklich, weil jung
neben den Steingreisen,
die nicht schwimmen können
und nicht
lieben.

2000

Keine Angst

Wenn du im Krankenhaus
operiert liegst
komme ich täglich
deine müden Glieder
besuchen
unter der Decke
und die Gesundheit
steht auf.

Wenn du aber gestorben bist
komme ich selten nur
an dein Grab
weil die Decke
so schwer
auf deinem verwesenden
Leib liegt
und die Würmer sind
eifersüchtig.

2001

Mein Körper

Welkende amaryllis
lippenwülste verfärbt
purpurn, orange helleres
fleisch un-verschämt
im kelch tropfen
klebrige noch
dies schön nennt
ein besessener
der liebe.

2000

Warum die Orgel so laut sein muss

Vor dem Altar
gefesselt
sie wollen mein Schreien
Schmerz oder Lust.
Bin ich Hexe?
Stoß zu,
unwissender Diener
meiner Obsessionen.

2000

Ahu

wein wein heulen
nacht allein heulen
saxofon hu
Christjan wo Daniela
ganz allein ahu
kinder freundin liebster
nacht allein hu
saxofon heulen
wein wein ahu

2000

MEIN SONNENSCHEIN

Mein Sonnenschein
fährt nach Berlin
bringt mich zum Lachen
hoch
wie Frauen lachen
wenn ein Sonnenschein
sie kitzelt
der nach Berlin fährt.

2000

SUCHT

Immer denken müssen
immer Sehnsucht
immer weinen müssen
allein.

So schwach bin ich
so schwankend
so angefault
so dumpf.

Dann kommst du
ich sprühe
ich tanze
bin frech.

Seit ich süchtig bin
nach dir
läuft der countdown
zum Abschied.

2000

BROKEN HEART

Ist nicht Glas,
nicht Porzellan,
auch nicht Guss-Eisen,
nur ein Muskel
fitness-trainiert.

Was soll brechen?
Woher der reißende Schmerz?

2000

PARTNERSCHAFT

Ich lebe mit dir
meine Obsessionen.
Du lebst mit mir
deine Obsessionen.
Wir kennen uns gar nicht,
aber wir brauchen uns so.

2000

DANACH

Heute ist Waschtag
danach.
Ich hänge mein Leben
sauber auf die Leine.
Nur im roten Kimono
bleiben die Flecken der Lust.

2000

OLEANDER

1.

Unkraut
aus den steinigen
Wildbächen des Südens
heimwehkrank
auf dem Nordbalkon
habe ich dich zum Blühen
gepflegt.

2.

Heile mich
vom Heimwehkrebs
Oleander
Verschleppt verwaist wie du
bin auch ich.
Einige sterben daran.

2000

STRESSFOLGE

Hetz Stress Herz Schmerz
Rasch klappt Krach ach
Boss Ochs Tod droht
Friss dick fick Kick
Frust Mut Schuss Schluss
Grau Klaus Traum aus.

2000

Legasthenie

Legesthanie
Leghastenie
Lagestenihe
Ligatseeneh
Gelaniesthe
Einethsagel
Athseginele
Gesinathele
Teiganhesel
Asigentheel
Geishatelen
Elethaniseg

2000

Für eine depressive Freundin

1.

In meinen Träumen
blute ich aus deinen Wunden.
Deine Liebe schmerzt
wie ein Kuss von sterbenden Lippen.
Im Nachbarhaus die betrunkene Hure
schreit um ihr Leben,
du nicht.

2.

Die Flugzeuge fallen nicht
reihenweise vom Himmel.
Der Komet rast vorbei.
Nicht mal die Mutter
stirbt dir vom bösen
Wünschen Fürchten.
Doch du erwartest weiter
ein tödliches Wunder
als Ausweg.

1999

SCHÖN KRANK

Starre ich in den weißen
Himmel über mir,
blitzen überall schwarze Sterne.
Vielleicht werde ich blind
oder sehend.
Das Bett ist mein Kahn,
der mich wiegt.
Beim Aufstehen Schwindel.
Nur nicht über Bord fallen.
Die harten Wellen
des Fußbodens warnen:
Bleib liegen!

Freu dich doch,
dass du krank bist.
Gesund sein ist viel
schlimmer.

1999

SCHICKSAL

Im Bachbett des Schmerzes
       Stein
gewälzt
geworfen
geschliffen
       Stein
Schmerzschlagzeug
Wildwasserbett
       Stein
Schlagbettschmerz
Wasserzeugmusik
       Stein
geschliffen
geworfen
       rund.

2000

THEMA MIT VARIATIONEN

1.

Brennt der Boden unter den Füßen,
das verlorene Mutterland
unter den blutigen Fußsohlen
und ein Engel
mich heimtragen muss.

2.

Warte noch auf den Engel,
der mich heimträgt
ins verlorene Mutterland.
Täglich reiße ich mir
die Sohlen blutig,
sonst könnte ich gehen.

3.

Führ mich heim, Engel,
im Stolperschritt
die Straße abwärts
geneigt, du bist nicht
mein Freund, Alkohol.

2000

WEIT WEG

Mit blutenden Füßen
zu dir
Über das Eisgebirge
zu dir
Wie weit ist der Weg
zu dir
Durch Feuer und Wasser
zu dir.

Den Schlüssel hab ich verloren
Das Haus ist abgebrannt
Du wohnst im Nirgendwo.

1996

FREIHEIT

Ich bin ja so frei
frei
kann fliegen
ins Fremde
ins Bodenlose.

Aber besser doch
als im Käfig
sich Federn ausreißen
und in die Brust
eine blutige Wunde
picken.

1996

HERBSTLAUB

Herbstlaub,
dieser Aufwand des Lebens,
ehe der Baum
schwarz ins Schweigen geht.
Wie alte Frauen,
die ihr Schamhaar färben
in der Glutfarbe des wilden Weins,
ehe der Schoß
schwarz sich verschließt.

1996

ALTWERDEN

In meinen Ohren rauscht
die Zeit vorbei
Zittergras.
Die Wiesenblumen
verblühen biblisch
und stinken.

2000

UNRUHESTAND 1

Unruhe treibt uns ins Blaue
– das singende Band der A8 –
an südliche Grenzen
Altstädte
für uns renoviert
uralte Klosterherberge
verwittert Gemäuer und Wein
treibt uns in die Betten
in die Umarmung
die uns keineswegs
alt
aussehen lässt.

2001

UNRUHESTAND 2

Jetzt hast du Zeit
nichts zu tun.
Jetzt hast du Zeit
etwas zu tun.
Jetzt hast du Zeit
für alle verpassten Gelegenheiten.
Jetzt hast du Zeit
bis zum Tod.

2001

UNRUHESTAND 3

Meine Falten
die neuen und die alten
möchte ich behalten
weil Gestalten
die etwas galten
sich stets Falten krallten
mit kalten
und warmen Spalten.
O diese alten Balten!

2001

ENDE EINER LIEBE

Sterbende Augen über mir
Sein verzerrter Mund
Stößt meinen Namen hervor
Röchelnd
Ich soll ihn ansehen
Beim Sturm auf den Gipfel.
Mach ein Ende
Bete ich
Diese Todesqual soll ein Ende haben!
Er fällt auf mich
zuckt und erstarrt.
Also!
Nun ist gleich
Auferstehung.

2000

STERNLOSE NACHT

Sternlose Nacht
Himmel
Über dem Stadtbalkon
Das Telefon schrillt
Die schnelle Nummer
Warum leg ich nicht auf
Sofort
Er stöhnt nennt es Liebe
Warum leg ich nicht auf
Spiel was vor
Die schnelle Nummer
Liebe genannt
Warum leg ich nicht auf
Bis er kommt
Mir ist elend
Und der Himmel
Über dem Stadtbalkon
Sternlos.

2001

MUSIK IM TRAUM

Die Bässe sägen
den dunklen Grundton des Todes.
Wo das Eismeer über die Straße brandet,
nützt den Nackten
das Fahrrad nicht.
Wehrlos trifft mich der Blitz
der Posaune.
Am sterbenden Himmel
verhallt das Echo der Trommeln.

1995

Für Friederike Mayröcker

Der Nabelmund/Mundnabel
gibt mir die Sprache zurück
Pythonschlange um einen Torso.
Nein ich rede nicht
von den Augen deiner Brüste
und nicht von meinem
überflutenden Schoß.
Da war das Bild der Steinfrau
und ein Text
dass ich weinen musste.

1995

THRAKIEN

Als wäre in dieser Landschaft
Für mich ein Gedicht enthalten,
Am Busfenster vorbeidrehend Felder.
Stundenlang schwarzerdig Brachfelder.

In den Dunst hinein immer noch Felder,
Grüne Winterweizenwiesen.
Manchmal ein Bäumchen
Wie ein Witz von Paul Klee.

Vom Felskamm ausgehend Erosion.
Weit unten das Auge des Stausees.
Gegen Abend Kupfergold:
Die Wintersonne
Auf welkem Eichenlaub.

Für mich ist in dieser Landschaft
Kein Gedicht enthalten.
Aber der türkische Hirte
Inmitten der ziehenden Schafe
Verschenkt eine lange Weise,
Sein Preislied der endlosen Felder.

1984

ANATOLISCHES LIEBESLIED

Als ich ihn endlich erkannte, den Grauen,
war er schon fort zum Gebirge geflogen.
Allzulang hatte ich den Geliebten
bei den bunten Vögeln gesucht.

Ach komm zurück, du grauer Geselle,
vom Gebirgswald, vom schroffen Felsen,
bau einen Horst dir in meinen Haaren,
da soll dem Fremdling Heimat sein.

1987

SPAZIERGANG MIT EINEM KIND

Erst sind wir gerannt,
dann immer langsamer hügelauf
durch Geröll Zistrosen Lavendel.
Hier im Gebüsch der Stecheichen
die Schlange.
Keinen Schritt weiter – oder
das Märchen beginnt.
Mein Prinz, der du nie
einen Ameisenhügel zerstört,
bitte die Königin um den Ohrkuss,
das Wort der Erleuchtung
und dass du es mir
übersetzen darfst
in Menschensprache.

1984

ÄGÄISCHER WINTER

Ist hier das Land meiner Sehnsucht?
Bleigrauschwere Wolken
hängen ins Schiefermeer,
Oliven tropfen bitter
aus starrem Geäst
und dieser tödliche Regen
Regen schwemmt alles davon:
die Hänge, die Hütten
der Ärmsten und
mein Herz.

1996

Ein weiter Weg

Der Tag, an dem meine Söhne
beim Frühstück den Zeitungsartikel
über die Lage der türkischen Landfrau
hören wollten und als uns
Tränen kamen bei dem Sprichwort
»Frau braucht immer den Knüppel im Kreuz
und ein Kind im Bauch«
Der Tag, an dem wir uns schworen,
dies nicht auf sich beruhen zu lassen ...
Von der Zeitungslektüre ist ein weiter Weg
Von den Gefühlen des Mitleids ist ein weiter Weg
Von der Kindheit eines Mannes ist ein weiter Weg.

1985

EPHESOS

So bedürftig sind wir
selbst aus Ruinen
scheinbar erfüllteres Leben zu saugen.
Damals, ehe die marmornen Brunnen versiegten
ehe die Pracht der Hafenstraße
mückenfiebrig im Moor versank
ehe noch Erdbeben und Barbaren
den Ausgleich schufen von hoch und niedrig
da *lebten* wohl einige
waren den Göttern näher
oder dem eignen Gefühl.

Ach dass die Antwort
auf ihre schön kannelierten
Säulen verschüttet wurde
und uns nur Trauer einfällt
wenn in der Abendsonne
riesig die leuchtende Muschelschale
ihres Theaters erklingt.

1985

Für Gündüz

»Mavi çakmak güldü«

Ja lach nur,
blaues Feuerzeug,
ein Schmetterling auf der Distel
ruhest du
in der lautlosen Schwärze
meines abgestorbenen Baumes.

Einer von uns darf fliegen.

1995

SCHREI

Endlich das Meer
Aber umzingelt.
Ferienhäuschen winterlich
Meterweis zugeteilt Bläue
Bootssteg privat
Kinderspielplatzschrott
Einsame Palme, wie schön.
Hinter Kabinen Kabinen Staketenzaun
Touristisch erschlossen der Sandstrand.
Nun friss Vogel:
Freiheit Weite Abenteuer.

Ich will das MEER!
Urwasser
Lebensschoß
Ozean der Barmherzigkeit.
Was helfen dagegen selbst Paradiese,
Tahiti zum Beispiel
Bretagne Miami?
O Eigensinn, der noch festhält
Am offensichtlich hinieden
Unerfüllbaren Traum.

1984

OHNE SINN UND VERSTAND

Weiß wie das Meer
sind die Gedanken
fad und leer
ohne Schranken.

Rot ist die Liebe
rot wie der Tod.
Wolkengeschiebe
Gewitter droht.

Das Wolkengeschiebe
ist aus dem Lot.
Wir warten auf Liebe
und warten uns tot.

Ich mag keine Kranken
so psychisch quer
die schnell sich verzanken
bereuen schwer.

Da kommt ein Boot
im Wellengetriebe
eine neue Liebe
bringst uns ins Lot.

2000

BALLSPIEL

Ballspiel am Abend.
Unter dem Maulbeerbaum
Die jungen Mädchen.
Ach, wenn du hier wärst,
Würdest die Krebsangst
Mir schon wegstreicheln.
Du mein Abendspiel
Unter dem Angstbaum
Würdest den Mädchenball,
Den jungen Maulbeerkrebs
Mir schon verwandeln.

1983

Zwei Bilder

Ja, damals Kreta.
Wie fürs Urlaubsfoto:
Im Olivenhain
Lachende Landser,
Einer posiert mit Gewehr,
Aber geschossen haben sie alle.
Zwischen den knorrigen
Stämmen der Olivenbäume
Liegt die Jagdbeute.

Dieser Silberglanz auf den knorrigen
Stämmen der alten Olivenbäume
Und den blauschwarzen Früchten
Im Herbst, wenn die Bauern
Mit ihren Eseln und Tragekörben
Wie damals auf Kreta ...

Vom Massaker im Olivenhain
Hat mir mein Vater
Nichts erzählt.

1994

RÄTSEL

Meine zerkratzte Haut ist Zeuge
dass ich seit Kindheit
Mörderin bin.
Aber die Wunde soll niemand sehen,
den Schuldbeweis.

Es fragt meine Ärztin
wozu sie denn
auf der Welt sei.
Aber die Medizin
weiß auch sie nicht.

Ratlos kratze ich weiter,
bis alles offen liegt.

1990

AUF EWIG

Bittere Medizin
mein Geliebter,
vom Kismet verordnet
– was immer dies sei –
belebst mir den Herzschlag.
Und bringst mich um
durch Zuviel.

Mit dir in der Unterwelt,
mit dir im Schweigen.
Wenn ich wieder aufsteige,
werde ich singen.
Und wenn nicht?

Warum trennen,
was eine Erde
bedecken wird,
göttliche Alchimie.

Ist denn der Weg noch weit?
So gib mir die Hand.
Muss ja nicht Liebe sein.
Doch!

1991

FAMILIENBILD

Dämmerung über den Hütten
Der Berg steckt sich Lichter an
Mein tiefgegründetes Bild vom Frieden der Öllampe.
Um den Tisch die Familie
Eine Filmszene, wie sie die Löffel eintauchen
Stille, von keinem Mord noch zerrissen
Vater Mutter Kinder
Das unzerstörbare Bild
Trotz aller Gegenbeweise.

1984

Es lebe der Leichtsinn

Die Traumlok von den Schienen hupft,
Der Paarreim seine Mütze lupft.
Ich bin ein roter Ball
Purzelbaum rückwärts die Wiese hinab.
Aber noch immer, als wäre nichts geschehen,
Hangelt sich stumpfsinnig das Satzgefüge
Über den Abgrund ans Gegenufer.
Brich ab in der Luft und steh!
Wir können fliegen.
Freies Geleit für Schmetterlinge!

1984

Der Einsame

Großväterchen kann nicht mehr zielen
Immer verpisst er die Klobrille.
Wenn man ihn nicht bewacht
Zündet er gar das Bett an
Jeden Tag ein neues Theater.
Aufgezogen schnurrt er daher
Spielzeugmaus Nussknacker Fossil.
Aber unentbehrlich: Wer sonst
Käme in Frage bei
Runtergeworfenen Blumentöpfen und
Den Flecken auf der Kaffeedecke.
Abends betet er in der Fremdsprache
Für uns alle.
Seine größte Freude: Die Enkel zu lehren
Was sie längst wissen.
Und dann das Sonntagsküsschen
Auf die Kratzstoppeln.
Unseren Alten geben wir nicht ins Heim
Denn er zeigt uns
Wie weit wir's noch haben zum Menschsein.

1984

KLEIDER

Wenn ich das Kleid nicht bekomme,
sprach die Prinzessin,
Tag und Nacht sind meine Gedanken
nur bei dem einen,
schaff mir das goldene Kleid,
an dem mein Leben hängt,
das neue Leben.

Requisiten sind nötig
um unter die Leute zu gehen,
die Tasche das Armband
der Lidstrich das Tuch,
dass sie mich ja nicht erkennen.

1984

MÄRCHEN

Ich hab meine Kinder totgeschlagen
Ihnen Herz und Leber herausgeschnitten
Zum Zeichen der Schwarzen Königin.

Ich hab meine Kinder totgeschlagen
Weil Aschenputtel nicht tanzen darf
Wenn die Erbsen noch in der Asche liegen.

Ich hab mein lebendiges Herz begraben
In der Asche neben dem Küchenherd.
Da lachte die Schwarze Königin.

1980

MUTTER TODESTAG

Der herbstliche Park
ist mein Trost.
Aber warum,
wenn die Blätter fallen
und auch ich dahin muss?
Requiem.

Nein, noch komme ich nicht.
Noch ist Leben weniger schrecklich
als der Main-Strom,
der die grünen Haare
der Wasserleiche
strähnt.

1994

FREMDSPRACHEN SCHWEIGT

Fremdsprachen schweigt!
Was mir eingespielt wurde
aus allen Kanälen
die Stimmen der Verrückten
und der Berechtigten
verschluckt das Herzmuskelpolster
in der purpurnen Kammer Einsamkeit
wenn das Gedicht aufgeht:
eine Blume
ein Messer
eine Klage
Lachexplosion
Wortgeländer
Holographie.

1984

PARADOX

Manchmal
täglich
brauche ich um mich
eine große Leere
und alle Menschen sollen weg sein
auch du.
Aber wenn ich dann schreie
musst du gleich wieder da sein
weil sonst
mich die Angst frisst.

1997

TARNUNG

Zur Tarnung bei nächtlichen Anfällen
von Zärtlichkeit
lass uns Brutalkino spielen
damit der Vermummte nichts merkt
der immer hervortritt
wenn ich nach dem Herzschlag schreie.
Deine schöne Leiche
wäre ein neuerlicher Beweis.

1984

NICHT DER REDE WERT

Nicht der Rede wert
Staubwolken unterm Ehebett
Alle Wochen wieder
Fliegenschiss auf den Fensterscheiben.
Nicht der Rede wert
Mit schmerzenden Knien
Mutter du wirst alt
Die vollen Taschen
Heim vom Supermarkt.
Nicht der Rede wert
Beim Abendbrot
Wo die andern die Welt bewegen.

1984

TROSTBRÜCKEN

Noch ein Pralinchen gegen den großen Frust
Stopf mit Süßigkeiten den Bauch
Das Universum
Traust du dir doch nicht zu.

Lächerliches Angstgewissen
Deine paar Steuertricks Seitensprünge.
Die im Fernsehen treiben's weit schlimmer:
Megatote. Der Gläserne Mensch.
Kunstherz stellt den Betrieb ein.
Aber ruhig Blut
Und vorbeugend ein kühles Bier.

Kratz dir den Hintern blutig
Vor dem Einschlafen
Wenn sogar der Hund nicht mehr hilft
Das Trösterlein, der letzte Freund
Der Einsamen.

1990

FÜR DEN SOHN

Im Traum wird dein Bild
zum Schwarzweißfoto,
auf dem du dem elenden Kafka gleichst.
Warum soll ich dich nicht zurückhalten
von der Balkonbrüstung
ins Nichts zu stürzen?
Warum willst du tot sein,
Sinn meines Lebens,
und ich wäre nicht schuld?

1996

TAG DER VERLUSTE

Verzweifelt
suche ich meine Sonnencreme
in den Falten der Strandtasche.
Den getigerten Badeanzug
weht mir der Meerwind davon.
Und wo nur versteckt sich der rote Ball
dem wir noch gestern
vor Jahren nachgerannt sind
lachend
am Saum der Wellen.

Heute hat mein ferner
erwachsener Sohn
Geburtstag.
Ich rufe ihn an.
Es geht ihm gut.

Allein am Meer
betrauere ich meine kleinen Verluste.
Um den großen erfolgreichen Sohn
zu weinen wäre absurd.

2001

ANTI-FRUST-SONG

Du hast mir einen Tag geschenkt für mich allein.
Was soll ich machen, vielleicht feiern, ganz allein?
Im Rosenhemd die Brüste wippen mir allein.
Zu Hause Depressionen schieben so allein?
Dann lieber Pizza, Kino, ganz viel Wein allein.
Aber
Morgen sollst du kommen, mein Sonnenschein,
Denn ein Tag allein ist noch kein –
Doch danach
Geh ich ein.

2000

Keine Lust mehr

Motorsäge kreischt.
Uralte Buche im Park
wird gefällt
war krank war morsch
nichts mehr hat sie gefreut.
Wie mich kalt lässt
in diesen bescheuerten Tagen
wofür ich bisher gestorben bin
Kleiderkaufen
und die neueste Sexvariante.

Man sollte mich fällen
aber bitte
weniger kreischend.

2001

DIE FARBEN DES TODES

Der Tod ist nicht immer schwarz
wie in Tümpeln Meteore
nicht wie die Tunnelwand
schwarz die gelöschten Autos
Wracks voller Leichen
schwarz wie die Pest
die Nacht des Grauens.

Der Tod ist auch
wie fallendes Herbstlaub
rotbraungelb zwischen Buchenstämmen
wie mein Leib, in dem
der Krebs immer lebendiger
blüht
und sich Maden Bakterien
freuen.

Aus dem Sterben lebt
eine große helle
Flamme Liebe
in allen Farben.

2001

DICHTEN

Ausgeblutet
nach jedem Gedicht
wie nach einer Geburt
kraftlos und leer
und noch unfähig
das Neugeborene zu lieben.

Langsam dann
erwacht Stolz
zwischen den Laken
dass aus meinem Fleisch
geschnitten ist
was da schreit.

2001

IHR KUSS

Für Engelslippen
zu sinnlich,
für Schmetterlingsflügel
zu feucht,
für den Flaum von der Brust eines Vogels
zu kräftig.
Ihr Abschiedskuss
auf meinem linken
Mundwinkel gelandet
ist eine Frage:
Wie geht es nun weiter
mit uns?

2001

Sein Kuss

Unsere Zungen Rivalen
verknäuelte Schlangen
nein aufgebäumt Schneckenleiber
die sich den Liebespfeil
gegenseitig ins Weiche bohren
bis das süße Gift
alle Sinne entflammt.

2001

KLANGSPIELE

1.

Leere des Lebens
enge Fesseln
Segensgebet
sprengt mehr denn Gewehre.
Gelbe Esel brennen
Sternenfeld berstend.

2.

Langsam
Was?
Hans, ab das Rad.
Als Knall war, Matsch da
Warm ganz warm.

3.

Burgturm null Uhr
Suff und Uhu
Wurm turnt rum
Fußkunst.
Bursch, tu Buß.

4.

Die Vier frißt Vieh
Biene zischt in Nische
Wirr, nicht irr.
Dies Sieb ist mir lieb
bringt Licht ins Knie.

5.

Mordort
Blood dort
Jod droht
oh fort
sonst kommt rot Tod.

1999

SCHWESTERN

Habe nur eine Schwester
kleine Schwester Eulenspiegelin
spiegelt mich große dumme Eule.
Will alles alleine können
wills beweisen
dass sie mich nicht braucht
dass ich sie nicht brauche.

Aus unserer längst
toten Mutter
könnten wir neu
geboren werden
uns aneinander wärmen
statt einzeln zu zittern.

2000

FÜR EINE FREUNDIN

Zugvögel
hoch im eisigen
Himmel
zuckt dein wildes Herz
aufzubrechen
aus der Enge der Städte
ehe Herbst lähmend
einfällt
Sehnsucht grenzenlos
nach Süden, Sonne
freien Landschaften
Weite der Mohnblütenfelder.

Komm zurück
Zugvogel
wenn du Heimat brauchst
wir sind hier
wenn dein wildes Herz
satt ist vom Grenzenlosen
sind wir hier.

2001

DIE ISAR

1.

Sie bringt Geschenke mit
vom Gebirge, das wilde Weib
ist steinreich, Brocken
Kiesel, Grieß und Sand
ihre Sonnenbänke
sind berühmt
ihre grünen kühlen Wellen
ein spritzendes Vergnügen.

2.

Manchmal schäumt sie
ungebärdig, ist voll
überflutet
reißt die Ufer weg
sprengt die Grenzen
will ein Opfer
will Rache
für das Korsett aus Beton
streckenweise.

3.

Heute keine Lehmflut
kein Donnern am Wehr
keine mitgerissenen Bäume
störrisch im Bett
in dem kein Mann
mit ihr schlafen darf.

4.

Gluckern gurgeln
murmeln plätschern
plitschen rieseln
klacken wuschen
sausen röhren
donnern dröhnen.

5.

Sie hat viele Freundinnen
aber
die Liebste heißt Loisach.
Wie sie jauchzen hüpfen
beim Treffpunkt unterm Wald
sich herzen und küssen
die Zungen die Schöße
ineinander drängen
und dann vermählt sind
im Namen der Göttin.

2001

Lückenhafte Schlagzeilen

1.

»Dichter ... in München«

Wie schön für die Stadt
Dass sie Dichter hat
Lyrik satt
Prosa eher matt.

»Dichter Verkehr in München«

2.

»München braucht mehr ...
Was braucht München mehr?
Etwa mehr Meer?
Oder mehr Verkehr?
Verkehr am Meer?
Da schau her:

»München braucht mehr Platz für Lyrik.«

2001

Auf Messers Schneide

Für meinen plötzlichen Zustand
Grundlosen Glücks
Finde ich keine Metapher.
Also gibt's heute
wohl kein Gedicht.
Das macht mich fast
Wieder unglücklich.

2001

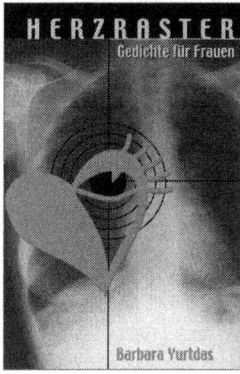

Barbara Yurtdaş

HERZRASTER
Gedichte für Frauen

ISBN 3-8311-0386-0
Erschienen als
Book on Demand

Diese Frauengedichte sind keine zarten Verse, sondern kreisen das mörderische Wort ein, bis es mitten ins Herz trifft.
Ein Buch, in dem Frauen sich wieder finden.

Leserinnen über HERZRASTER

»Es sind Texte, die betroffen machen durch ihre Ehrlichkeit. Stimmungen werden intensiv vermittelt durch Bilder aus Mythos und Märchen oder aus unserer technischen Welt.« *(Elke P.)*

»Diese Gedichte sind Ausdruck der Seele. Sie zeigen den verwundbarsten Punkt des Menschen, wo Trauer und Wut, Freude und Glückseligkeit erlebt werden.«
(Charlotte T.)

Neuausgabe eines Klassikers

Barbara Yurtdaş

Wo mein Mann zuhause ist ...

Tagebuch einer
Übersiedlung in die Türkei

176 S.; Paperback

ISBN 3-935877-36-6

Allitera Verlag

Zurück in die Türkei! Wunschziel unzähliger Familien, die sich bei uns unbehaglich fühlen, wenn sie dafür schließlich in der Heimat ein besseres Leben führen können.
Die konkreten Folgen einer solchen Rückkehr beschreibt die Autorin, die mit ihrem türkischen Ehemann und ihren beiden Söhnen in eine Kleinstadt in Thrakien übersiedelt. Sie schildert den Schock der Armut, die enttäuschten Hoffnungen, die Beschränkungen des traditionellen Frauenlebens. Sie erklärt die Rätsel der verschlungenen Familienbeziehungen und die ungeschriebenen Gesetze, die die Nachbarschaft regeln. Es entsteht ein Alltagsbild des Morgenlandes, eine sehr persönliche Darstellung von Auswanderung und Eingliederung in eine fremde Welt.
Basislektüre für Binationale!

www.allitera.de